Impressum

Edith Blöcher

Runde Platzsets häkeln

1. Auflage 2020
ISBN: 9781657705210

© 2020 Edith Blöcher,
alle Rechte vorbehalten

Autor, Layout und Fotos:
Edith Blöcher
Grötzinger Str 71
D - 76227 Karlsruhe
www.handarbeitshaus.de
mailbox@handarbeitshaus.de
Tel: 0049 721 404717

independently published
kdp - kindle direct publishing
eine Tochtergesellschaft von
Amazon.com
kdp.amazon.com/de_DE

Druck siehe letzte Seite

RUNDE PLATZSETS HÄKELN

D1719945

EDITH BLÖCHER

INHALT

2

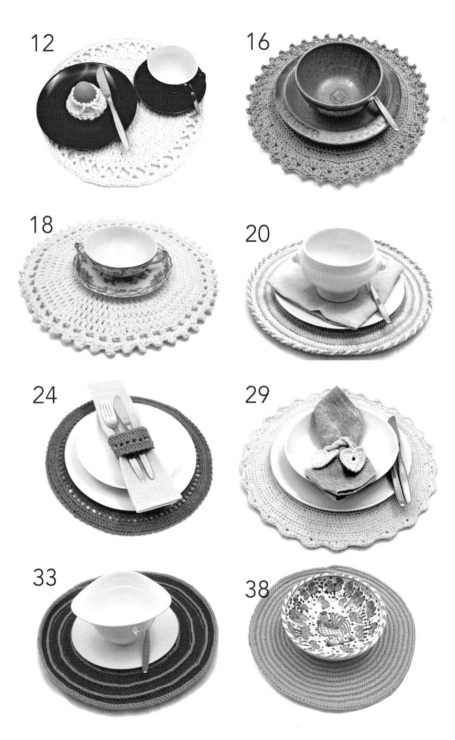

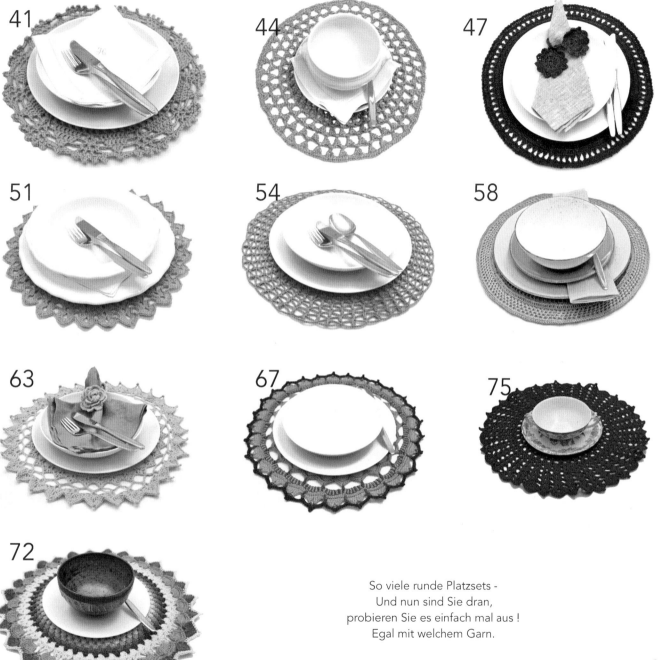

41

44

47

51

54

58

63

67

75

72

So viele runde Platzsets -
Und nun sind Sie dran,
probieren Sie es einfach mal aus !
Egal mit welchem Garn.

SO BEGINNT MAN DAS RUND HÄKELN

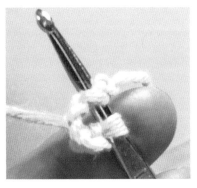
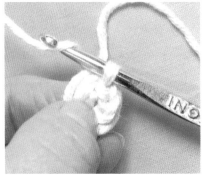

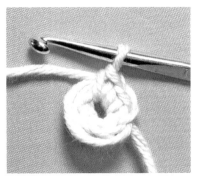

So…
Start mit 5 oder 6 Luftmaschen, die mit einer Kettmasche zum Ring
geschlossen werden. Dann wickle ich den Endfaden um den Luftmaschenring
und häkle da hinein Feste Maschen oder auch Stäbchen.

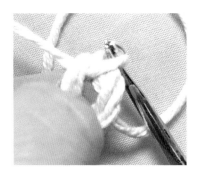

… oder so
Man kann auch mit einer Anfangsschlinge starten, den Endfaden 2 oder 3
mal um die Schlinge legen und die erste Schlaufe durch den Ring holen.
Nun kann man diesen Ring mit Festen Maschen oder Stäbchen füllen.

DAS ZUNEHMEN VON MASCHEN

Grundsätzlich gibt es folgende Regel:
In der 1. Runde häkelt man 10, 12 oder bei dünnem Garn auch 15 Maschen in den Anfangsring.

In der 2. Runde häkelt man auf jede Masche 2 Maschen.

In der 3. Runde häkelt man auf jede 2. Masche 2 Maschen.

In der 4. Runde häkelt man auf jede 3. Masche 2 Maschen.

In der 5. Runde häkelt man auf jede 4. Masche 2 Maschen.

Das heißt man nimmt in jeder Runde ca 10 bis 12 Maschen zu. Das gilt für Feste Maschen wie für Stäbchen.

Aber das passt nicht immer. Vor allem , wenn die Runden größer werden, muss man nach Gefühl weiter häkeln.

Die runde Fläche soll flach liegen und sich am Rand nicht nach oben wölben, weil man zu wenig Maschen in der Runde hat und auch keine Wellen am Rand bilden, weil man zu viele Maschen in der Runde hat.

Wenn man immer an der gleichen Stelle zunimmt, erhält man ein 11eck oder 12eck - siehe Motiv links,

wenn man versetzt zunimmt, erhält man eine runde Fläche - siehe Motiv oben.

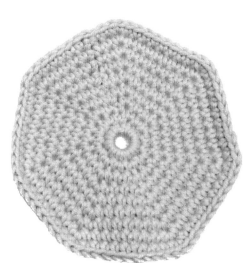

ZUNEHMEN NACH GEFÜHL

Wenn sich eine Masche etwas nach rechts neigt, ist es Zeit für eine Zunahme. Dann häkle ich eine 2. Masche in dieselbe Masche der Reihe darunter.

DER ABSCHLUSS

Die Häkelarbeit kann man mit einem Maschenstich elegant beenden. Man sticht durch die Masche davor und dann zurück in die Stelle, woher der Faden kommt.

VERSÄUBERN

Zum Verwahren von einem Fadenende steche ich auf der Rückseite durch mehrere Maschen hin und Stück auch wieder zurück.

Fortlaufende Runde / Spirale häkeln

Den Anfangsring fülle ich mit 11 oder 12 Festen Maschen. Danach häkle ich eine Feste Masche und ein halbes Stäbchen auf die erste Feste Masche und häkele dann einfach weiter ohne Runden mit einer Kettmasche zu beenden. Eine Runde lang häkle ich nun immer 2 Stäbchen auf eine Feste Masche und danach abwechselnd 2 Stäbchen und 1 Stäbchen jeweils auf eine Masche.
Je größer die Fläche wird umso mehr einzelne Stäbchen häkle ich bis ich wieder 2 Stäbchen in eine Masche mache.

Im Bild steche ich nur hinten in die Maschen ein, dass die Spirale deutlich wird.

Man kann in geschlossenen Runden häkeln und die Runde mit einer Kettmasche beenden oder fortlaufend wie eine Spirale weiterhäkeln.

Abschluss der Spirale

Am Ende lässt man die letzten Maschen in der Regel flach auslaufen, indem man statt Stäbchen erst 2 halbe Stäbchen, dann 2 Feste Maschen und zum Schluss noch ein oder 2 Kettmaschen häkelt.

Verschiedene Möglichkeiten eine runde Fläche zu häkeln

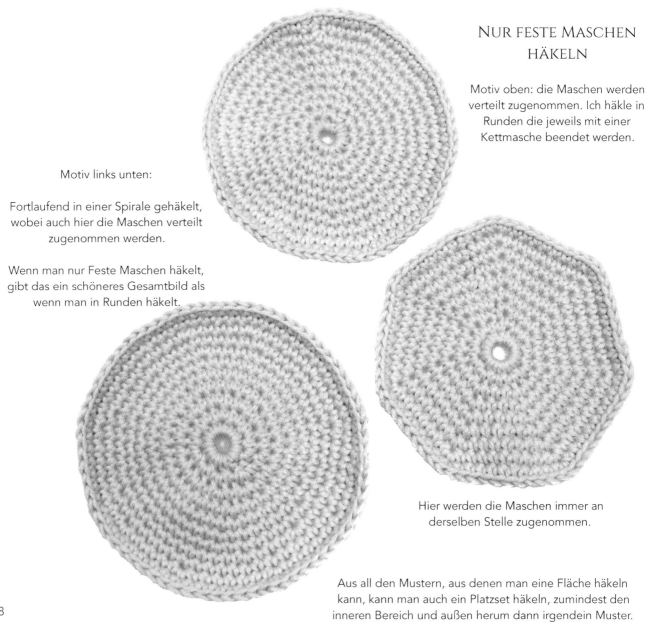

Nur feste Maschen häkeln

Motiv oben: die Maschen werden verteilt zugenommen. Ich häkle in Runden die jeweils mit einer Kettmasche beendet werden.

Motiv links unten:

Fortlaufend in einer Spirale gehäkelt, wobei auch hier die Maschen verteilt zugenommen werden.

Wenn man nur Feste Maschen häkelt, gibt das ein schöneres Gesamtbild als wenn man in Runden häkelt.

Hier werden die Maschen immer an derselben Stelle zugenommen.

Aus all den Mustern, aus denen man eine Fläche häkeln kann, kann man auch ein Platzset häkeln, zumindest den inneren Bereich und außen herum dann irgendein Muster.

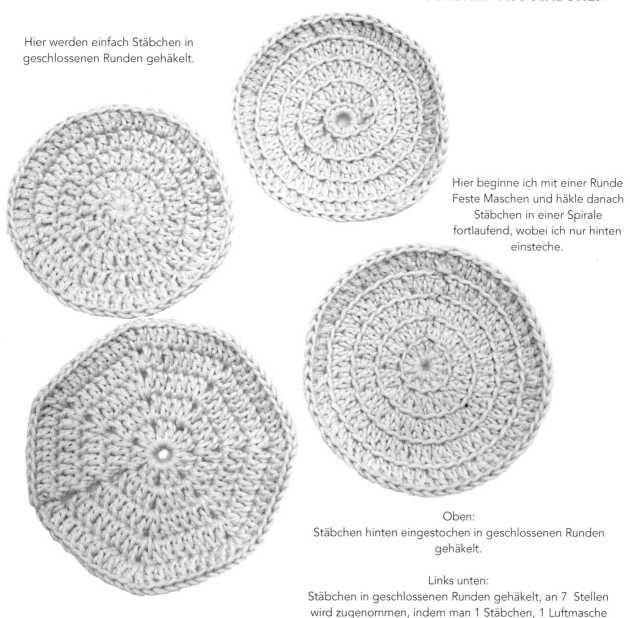

FLÄCHEN AUS STÄBCHEN

Hier werden einfach Stäbchen in geschlossenen Runden gehäkelt.

Hier beginne ich mit einer Runde Feste Maschen und häkle danach Stäbchen in einer Spirale fortlaufend, wobei ich nur hinten einsteche.

Oben:
Stäbchen hinten eingestochen in geschlossenen Runden gehäkelt.

Links unten:
Stäbchen in geschlossenen Runden gehäkelt, an 7 Stellen wird zugenommen, indem man 1 Stäbchen, 1 Luftmasche und 1 Stäbchen auf die Luftmasche der Reihe darunter häkelt.

1 Runde Stäbchen, 1 Runde Feste Maschen wechseln ab, wobei alle Maschen nur hinten eingestochen werden.

Stäbchenrunden wechseln ab mit Runden, bei denen immer 1 Stäbchen + 2 kleine Luftmaschen gehäkelt werden.

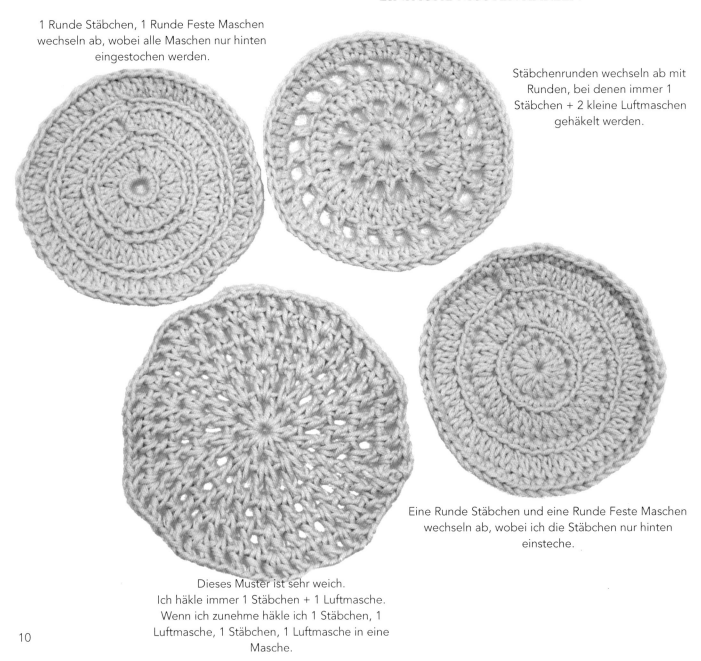

Eine Runde Stäbchen und eine Runde Feste Maschen wechseln ab, wobei ich die Stäbchen nur hinten einsteche.

Dieses Muster ist sehr weich.
Ich häkle immer 1 Stäbchen + 1 Luftmasche.
Wenn ich zunehme häkle ich 1 Stäbchen, 1 Luftmasche, 1 Stäbchen, 1 Luftmasche in eine Masche.

TIPPS

Ein Tischset ist kein gehäkeltes Spitzendeckchen.

Ein Set soll hübsch aussehen, aber wenn ein Teller darauf steht, sieht man nur den Rand.

Das heißt es spielt keine große Rolle, wie die Innenfläche gestaltet ist.

Ich verwende Garne aus Baumwolle oder Leinen, keine Wolle.
Lauflänge ca 75m bis 155 / 50g und auch 75m / 100g

Häkeln Sie Ihr Set passend zum Geschirr:

Die Farbe sollte passen und die Größe sollte rundum ca 5cm größer sein als der Platzteller bzw. der untere Teller.

Achtung,
nicht jedes Muster passt zu jeder Art von Geschirr.

Thema Randgestaltung:
Ein gebogter Rand wirkt eher romantisch,
kein Rand puristisch,
Krebsmaschen wirken dezent bis gefällig,
Zacken wirken eher modern.

Teile der Set sind austauschbar,
wie die Randgestaltung oder wie man die Innenfläche häkelt.

Vielleicht wundern Sie sich, warum ich die eine oder andere Farbe gewählt habe.
Ich möchte zeigen wie verschiedene Farben wirken.
Anfangs wollte ich nur dezente Farben nehmen, aber dann können Sie sich nicht vorstellen wie ein kräftiger Farbton aussieht.

Mein erstes Set habe ich in creme hell gehäkelt, dass es zu allem passt.

Aber oh weh, es passt fast nie:
Zu weißem Geschirr passt creme hell nicht und zu cremefarbenem Geschirr ist es langweilig.

Wenn man das fertige Teil von hinten mit Dampf bügelt, lassen sich Unebenheiten ausbügeln und alles wird glatt.

PLATZSET CREME HELL AUS DMC Natura XL Farbe 03

Setgröße ca 38 cm, Gewicht ca 136g

DMC Natura XL, 100% Baumwolle, hat 100g Knäuele mit ca 75m Lauflänge
für Nadelstärke 6 - 7, ich nehme Häkelnadel 6

DAS GROSSE GEKREUZTE STÄBCHEN

besteht aus 4 Stäbchen

Wir beginnen mit 3 Umschläge und häkeln damit ein Stäbchen in die nächste Masche. Jetzt haben wir noch 3 Schlaufen auf der Nadel.

Nun nehmen wir einen Umschlag auf die Nadel und häkeln ein Stäbchen auf die übernächste Masche. Beim zweiten Faden Holen und Durchziehen verbinden sich die beiden Stäbchen.

Jetzt können wir das rechte obere Stäbchen fertig häkeln - das sind die beiden nächsten Bilder.

Wir häkeln 2 Luftmaschen.

Wir nehmen einen Umschlag auf die Nadel und stechen in die Verbindung der beiden Stäbchen. Jetzt kann man auch das linke obere Stäbchen häkeln.

Eierbecher aus DMC Natura XL

Häkelnadel 6
gehäkelt aus einem Garnrest.

Ich häkle in Runden und beende jede Runde mit einer Kettmasche.
Runde 1: Beginn mit 8 Festen Maschen, mit Kettmasche zum Ring
schließen.
Runde 2: Auf jede Feste Masche 2 Feste Maschen.
Runde 3: Feste Maschen - abwechselnd 1 Feste Masche und 2 Feste
Maschen auf die Maschen der Vorreihe.
Runde 3 und Runde 4: Auf jede Masche ein Stäbchen häkeln, nur hinten
einstechen.
Runde 5: Abwechselnd 1 Feste Masche häkeln und 2 Feste Maschen
zusammen häkeln.
Runde 6: Abschlussrunde mit je 1 Krebsmasche auf jeder Masche.

Mit einem Stück Häkelgarn lege ich die Schleife und umnähe den Knoten
mit dem Garnende vom Häkeln.

PLATZSET MILD TÜRKIS AUS DMC NATURA XL FARBE 72

Setgröße ca 40cm, Gewicht ca 155g

DMC Natura XL, 100% Baumwolle, hat 100g Knäuele mit ca 75m Lauflänge
für Nadelstärke 6 - 7, ich nehme Häkelnadel 6

Das dicke Häkelgarn Natura XL wirkt zu Keramik Geschirr besonders gut.

Teller und Schale sind von Herrn Schuster, Baden-Baden, von Hand getöpfert, der aber leider viel zu früh verstorben ist.

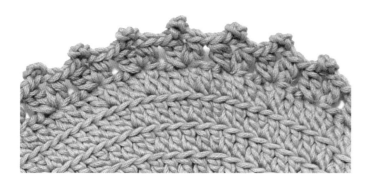

PLATZSET MILD TÜRKIS

Auf jedes 4. Stäbchen werden 2 zusamengehäkelte Stäbchen, 1 Luftmasche, 1 Pikot, 1 Luftmasche und noch einmal 2 zusammengehäkelte Stäbchen gehäkelt.

Die runde Fläche häkele ich mit Stäbchen, die versetzt zugenommen werden und die ich immer nur hinten einsteche, dass sich vorne eine Linie bildet.

HELLES PLATZSET AUS DMC NATURA XL FARBE 03

Setgröße ca 38cm, Gewicht ca 130g

DMC Natura XL, 100% Baumwolle, hat 100g Knäuele mit ca 75m Lauflänge
für Nadelstärke 6 - 7, ich nehme Häkelnadel 6

Die Fläche von diesem Platzset häkele ich so, dass ich immer an denselben Stellen zunehme. Dadurch entsteht eigentlich ein Vieleck.

Der Rand ist sehr einfach zu häkeln. Besonders bei dickem Garn, kommt er aber gut zur Geltung.

Ich häkele auf jede 3. Masche ein Stäbchen und dazwischen 2 Luftmaschen.
In der letzten Runde häkele ich auf jede Luftmasche eine Feste Masche und über jedes Stäbchen ein Pikot.

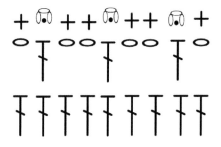

Die Suppentasse
ist aus der alten Serie Crown Ducal Bristol rot

19

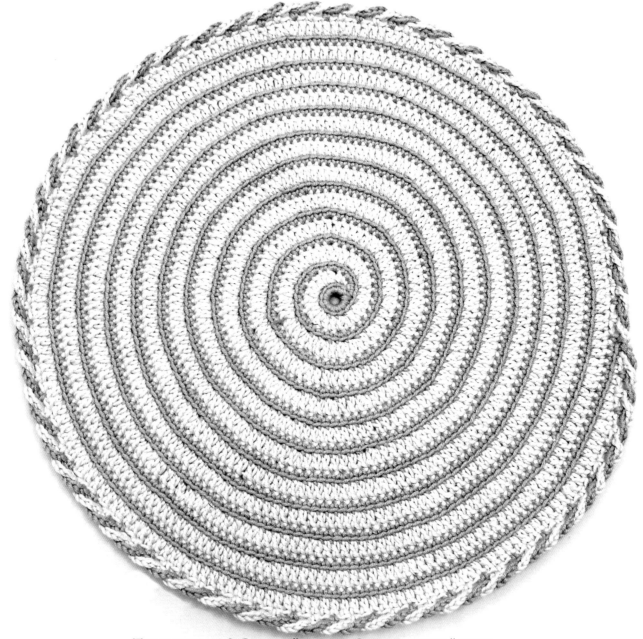

TISCHSET IN 2 GRAUTÖNE ALS SPIRALE GEHÄKELT
Setgröße ca 38cm, Gewicht ca 120g - hellgrau 80g, dunkelgrau 40g

DMC Natura Medium in den Farben 12 und 120, 100% Baumwolle, 50g Knäuele mit ca 75m Lauflänge,
Häkelnadel 3 statt 4, damit es eine kompakte Platte wird. Man kann aber auch Nadel 4 nehmen.

Das Geschirr ist von CreaTable
Porzellanhaus GmbH
Kleinblittersdorf
und zwar die Porzellanvariante,

die Leinen Servietten auf beiden
Bildern sind von Wonder Linen, Litauen
über Etsy.com

und das Besteck auf beiden Bildern ist
von WMF.

Der weiße Teller unten ist von
VIVO von Villeroy & Boch,

Die Löwenschüssel ist von RÖSLER.

Dieses Platzset ist groß, das
macht mehr Arbeit, braucht
auch mehr Material, sieht aber
auch eindrucksvoller aus.

Dieses Platzset kann man in
jeder Größe häkeln.

21

Farbe dunkelgrau:
5 Luftmaschen mit einer Kettmasche zum Ring schließen und das Fadenende darum wickeln - das erspart das Versäubern. Dann eine erste Masche in den Ring häkeln.

Den Ring mit 12 Festen Maschen füllen.

Nun nehme ich das hellgraue Garn und häkle auf die nächsten Maschen: 2 Feste Maschen auf eine Masche, 2 halbe Stäbchen auf die nächste Masche und dann den Rest der Runde immer 2 Stäbchen auf die nächste Masche.

Ich wechsle zum dunkelgrauen Faden und häkle Feste Maschen auf die hellgrauen Maschen.

In hellgrau häkle ich immer rundum Stäbchen und steche dabei nur hinten ein, dass sich vorne eine dunkelgraue Linie bildet. Das Zunehmen der Maschen mache ich möglichst in hellgrau.

In dunkelgrau häkle ich Feste Maschen auf die hellgrauen Stäbchen.

DER GESCHLUNGENE RAND

Um am Ende keine zu starke Schwelle zu haben, häkle ich am Schluss statt Säbchen 2 halbe Stäbchen, 2 oder 3 Feste Maschen und 2 Kettmaschen.

Dann häkle ich je 5 Luftmaschen in beiden Farben.

Zuerst nehme ich den hellen Faden und häkle 1 Feste Masche auf die übernächste Masche der Vorrreihe. Danach häkle ich 5 Luftmaschen.

Dann lege ich den dunkelgrauen Faden von hinten nach vorn über den hellen Bogen und häkle eine Feste Masche auf die übernächste Masche und danach 5 Luftmaschen.

Danach lege ich den hellgrauen Faden von hinten nach vorn über den dunklen Bogen und häkle eine Feste Masche auf die übernächste Masche und danach 5 Luftmaschen.

Man häkelt die ganze Runde immer 1 Feste Masche, 5 Luftmaschen und wechselt jedes Mal die Farbe.

23

BRAUNES PLATZSET AUS DMC NATURA MEDIUM FARBE 77

Setgröße ca 35cm, Gewicht ca 80g

DMC Natura Medium, 100% Baumwolle, 50g Knäuele mit ca 75m Lauflänge,
Häkelnadel 4

DER SERVIETTENRING

Größe 8cm x 5cm (16cm rundum)

Mit dem Muster von diesem Platzset kann man prima einen Serviettenring häkeln.

Dazu schlage ich ca 30 Luftmaschen an, schließe die Maschen mit Kettmasche zum Ring und häkle darauf 3 Luftmaschen und 29 Stäbchen und schließe wieder zum Ring.
Nun häkle ich 4 Luftmaschen und dann immer auf jedes übernächste Stäbchen 1 Stäbchen + 1 Luftmasche. Dabei steche ich nur hinten ein.
Nun häkle ich Feste Maschen über alles.
In der 4. Runde häkle ich wieder Stäbchen, die nur hinten eingestochen werden.
Zum Schluss häkle ich oben und unten Krebsmaschen. Unten muss man mit einem neuen Faden anfangen.

Das schlichte Geschirr oben ist VIVO von Villeroy & Boch,

das Geschirr mit Zapfenmotiv war einmal eine Sonderaktion von XXXLutz.de,

das Besteck ist von WMF.

Die Serviette ist einen naturfarbene Leinenserviette, die es mal bei DMC gab.

Stäbchen hinten eingestochen

Man nimmt nur den hinteren Teil der unteren Masche auf die Nadel, der vordere Teil bildet eine Art Linie, die optisch interessant aussieht.

Krebsmasche

Häkelrichtung von links nach rechts. Wobei die Krebsmasche hier auch nur hinten eingestochen wird.

Auf jede 2. Masche wird eine Art Feste Masche gehäkelt. durchstechen, Faden holen und die beiden Schlaufen abmaschen.

ANLEITUNG BRAUNES TISCHSET:

Runde 1: Start mit 3 Luftmaschen und 15 Stäbchen,
Runde 2: Auf jedes Stäbchen ein Stäbchen + 1 Luftmasche, aber immer nur hinten einstechen.
Runde 3: Auf jedes Stb. eine Feste Masche häkeln und auf die Luftmasche 2 Feste Maschen.

Runde 4: Auf jede Feste Masche ein Stäbchen häkeln, dabei nur hinten einstechen.
Runde 5: Auf jede 2. Masche ein Stäbchen häkeln und dazwischen je 2 Luftmaschen, immer nur hinten einstechen.
Runde 6: Auf jedes Stäbchen eine Feste Masche häkeln und dazwischen 2 Feste Maschen,

Runde 7: Auf jede Feste Masche ein Stäbchen häkeln, immer nur hinten einstechen.
Runde 8: Auf jede 2. Masche ein Stäbchen häkeln (hinten einstechen) und dazwischen je 2 Luftmaschen.
Runde 9: Auf jedes Stäbchen eine Feste Masche häkeln und dazwischen 2 Feste Maschen.

Runde 10: Auf jede Feste Masche ein Stäbchen häkeln, immer hinten einstechen.
Runde 11: Auf jede 2. Masche ein Stäbchen häkeln (hinten einstechen) und dazwischen meist nur 1 Luftmaschen und nach Bedarf auch 2 Luftmaschen.
Runde 12: Auf jedes Stäbchen eine Feste Masche häkeln und dazwischen meist je 2 Feste Maschen, aber doch immer wieder auch nur 1 Feste Masche.
— Achtung jetzt darf das Set nicht zu viele Maschen bekommen, sonst wällt sich der Rand.

Runde 13: Auf jede Feste Masche ein Stäbchen häkeln, dabei immer hinten einstechen.
Runde 14: Auf jede 2. Masche ein Stäbchen häkeln (hinten einstechen) und dazwischen je 1 Luftmasche; ab und zu braucht man auch 2 Luftmaschen dazwischen, wenn man merkt dass der Rand spannt.
Runde 15: Auf jedes Stäbchen eine Feste Masche häkeln und dazwischen 4 mal nur 1 Feste Masche und dann einmal 2 Feste Maschen.

Runde 16: Auf jede Feste Masche ein Stäbchen häkeln, immer hinten einstechen.
Das Set kann man beliebig groß häkeln. Ich habe hier bei Runde 16 aufgehört.

Abschlussrunde: Zum Schluss häkle ich eine Runde Krebsmaschen.

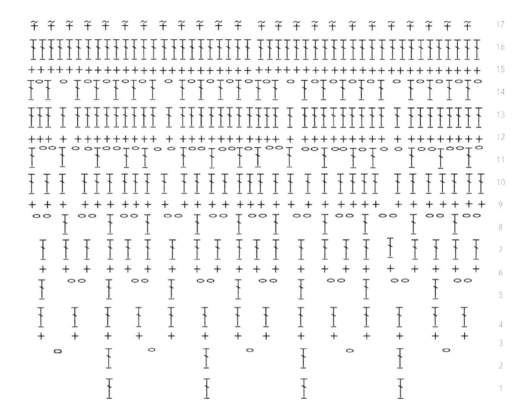

Start mit 16 Stäbchen. Hier zeichne ich nur 4 davon.

Die Maschen in der 17. Runde sind Krebsmaschen,
rückwärts gehäkelte Feste Maschen.

Die Stäbchen haben unten einen Querstrich, da immer nur
hinten eingestochen wird, dass man vorne eine Linie aus
den halben Maschen sieht.

Jede Runde wird mit einer Kettmasche beendet und mit 3
Luftmaschen nach oben begonnen - das fehlt hier in der
Häkelschrift

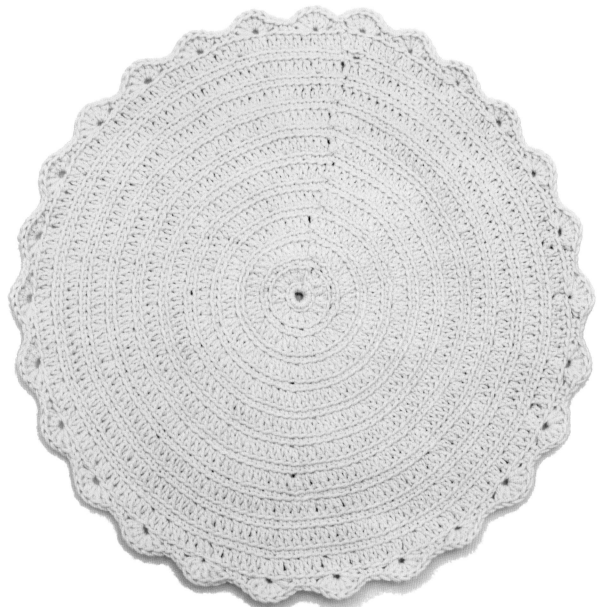

HELLGRÜNES PLATZSET AUS DMC NATURA MEDIUM FARBE 05
Setgröße ca 38cm, Gewicht ca 100g

DMC Natura Medium, 100% Baumwolle, 50g Knäuele mit ca 75m Lauflänge,
Häkelnadel 4

Das schlichte Geschirr oben ist VIVO
von Villeroy & Boch,
die Serviette von Wonder Linen,
Litauen, über etsy.com,

Unten: eine alte Suppentasse
ohne aufgedruckte Marke,

Besteck von WMF.

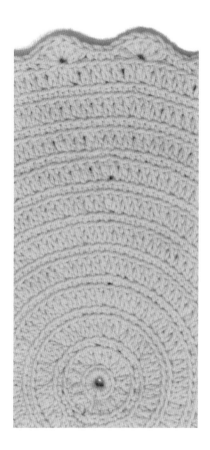

Start mit 11 Feste Maschen, die mit einer Kettmasche zum Ring geschlossen werden und darauf 22 Stäbchen.

Nun häkle ich abwechselnd Runden mit Festen Maschen und Stäbchen, wobei ich lieber in den Runden mit den Stäbchen zunehme statt in den Runden mit den Festen Maschen.
Ich steche immer nur hinten in die Maschen ein.

Als Abschluss häkle ich zuerst eine Luftmasche und eine Feste Masche. Dann lasse ich 2 Maschen aus und häkle in die 3. Masche 6 Stäbchen. Dann lasse ich wieder 2 Maschen aus und häkle auf die nächsten beiden Maschen je 1 Feste Masche.

So häkle ich immer einen Bogen aus 6 Stäbchen auf die 3. Masche und auf die 6. und 7. Masche je eine Feste Masche.

Herz:

Start mit 7 Luftmaschen zum Ring geschlossen.
Da hinein wird folgendes gehäkelt:
3 Luftmaschen, 1 Stäbchen, 2 Doppelstäbchen, 4 Stäbchen,
1 Doppelstäbchen, 1 Luftmasche. 1 Dreifachstäbchen, 1
Luftmasche, 1 Doppelstäbchen, 4 Stäbchen,
2 Doppelstäbchen, 1 Stäbchen, 3 Luftmaschen und
eine Kettmasche in den Anfang der Runde.

Auf diese Erste Runde wird eine Runde Feste Maschen
gehäkelt. In der Rundung rechts und links häkle ich 3x2
Feste Maschen.

Ist das erste Herz beendet, häkle ich noch 60
Luftmaschen und schneide dann den Faden ab.

Danach häkle ich das 2. Herz und häkle am Ende auf
den Luftmaschenschwanz 60 Feste Maschen bis ich
wieder am 1. Herz angekommen bin. Noch eine
Kettmasche zum 1. Herz als Verbindung, Faden
abschneiden. Fertig.

Platzset aus DMC Natura Medium Farbe rot und orange

Setgröße ca 42cm, Gewicht ca 143g, 96g rot und 47g gelb

DMC Natura Medium, 100% Baumwolle, 50g Knäuele mit ca 75m Lauflänge,
Häkelnadel 4

Ich habe hier eine sehr kräftige
Farbwahl getroffen, Sie sind natürlich
frei sich für andere Farben zu
entscheiden. Das Muster kann man
auch in 3 Farben häkeln, das Muster
wird ja mit 3 Fäden gehäkelt.

Das Geschirr oben ist von
CreaTable Porzellanhaus GmbH
Kleinblittersdorf
und zwar die Porzellanvariante.

Der cremeweiße Teller unten ist
von VIA von R&S
und die Pastaschale ist aus der
Serie Vapiano von Villeroy & Boch.

Das Besteck ist von WMF.

Ich beginne mit gelb und häkle 5 Luftmaschen, die ich zum Ring schließe und fülle diesen Ring mit Festen Maschen.

Mit rot häkle ich nun 2 Feste Maschen auf die 5. Masche nach der gelben Schlaufe, dann 2 halbe Stäbchen auf eine Masche und 2 Stäbchen auf die nächste Masche.

Mit dem anderen Ende des roten Knäuels häkle ich jetzt 2 Feste Maschen auf die Masche nach der gelben Schlaufe, dann 2 halbe Stäbchen auf die nächste Masche und 2 Stäbchen auf die 3. Masche.

Nach diesem Anfang häkle ich einfach fortlaufend mit den verschiedenen Fäden weiter.

In gelb häkle ich halbe Stäbchen.

Die Maschen in rot, die direkt auf gelb kommen häkle ich als Relief Stäbchen. Ich umfasse jede gelbe Masche von hinten und häkle ein Stäbchen. In dieser Runde kann man nicht zunehmen.

Mit dem 2. roten Faden häkle ich Stäbchen und häkle auch immer wieder 2 Stäbchen auf eine Maschen zum Zunehmen.
Sobald sich ein Stäbchen nach rechts neigt, häkle ich ein 2. in dieselbe Masche.

So häkle ich das Reliefstäbchen, bei dem die Masche der Reihe darunter von hinten umfasst wird.

Als Abschluss häkle ich eine Runde Feste Maschen in gelb und darüber eine Runde Feste Maschen als Reliefmaschen, wobei ich die Masche darunter von hinten umfasse.

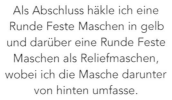

Platzset mit Einlegfaden aus DMC Natura Denim Farbe 77

Setgröße ca 33cm, Gewicht ca 128g,
knapp 2 Knäuele in Denim + ca 1/2 Knäuel Natura XL Farbe 03 für den Einlegefaden

DMC Natura Denim, 100% Baumwolle, 50g Knäuele mit ca 75m Lauflänge,
Häkelnadel 4

HÄKELN ÜBER EINGELEGTE FÄDEN

2 helle Fäden laufen innen mit und werden mit dem beigen Garn umhäkelt.
Wir häkeln Feste Maschen.

Beginn:
Ich häkele einfach 12 Feste Maschen über die beiden hellen Fäden, die innen mitlaufen sollen.
Dann lege ich die Einlegefäden auf die Anfangsmaschen und häkle fortlaufend Feste Maschen in die darunter liegenden Maschen, die Einlegefäden werden überhäkelt.

Das Zunehmen mache ich etwas nach Gefühl. Sobald die letzte gehäkelte Masche ein bisschen nach rechts zieht oder wenn die Einlegefäden nicht abgedeckt sind, häkle ich 2 Feste Maschen in eine Masche.

Es ist sinnvoll nach einigen Maschen die hellen Fäden fest anzuziehen und dann die Fläche wieder glatt zu streichen.

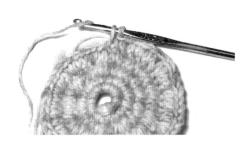

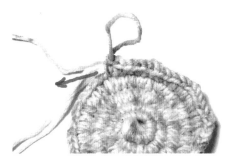

Die Abschlussreihe:

Ich häkle mit 2 Knäuele, also mit 2 Fäden.
Ich starte mit einer Festen Masche und 5 Luftmaschen
und lege diese Luftmaschen nach vorn. Danach starte
ich mit dem 2. Faden und einer Festen Masche auf der
2. Masche links von der 1. Festen Masche und häkle
wieder 5 Luftmaschen.

Nun nehme ich den 1. Faden und häkle 1 Feste
Masche auf die übernächste Masche (Zwischen Feste
Masche 1 und 2 sind 3 Maschen der Vorreihe und in
der Mitte ist die Feste Masche des anderen Fadens).
Jetzt kommen wieder 5 Luftmaschen und ich lege
diese nach hinten.

Jetzt nehme ich die Schlaufe des 2. Fadens auf und
mache eine Feste Masche auf die übernächste Masche.
Danach kommen wieder 5 Luftmaschen, die nach
hinten gelegt werden.

Ab jetzt geht es so: den Faden von hinten nehmen,
nach vorne biegen und 1 Feste Masche + 5
Luftmaschen häkeln und wieder nach hinten legen.
Danach Fadenwechsel und mit dem Faden dann die
Feste Masche + 5 Luftmaschen machen. So entstehen
die verschlungenen Luftmaschenbögen.

Dieses Set kann man in beliebiger Größe häkeln, indem man mehr oder weniger Runden häkelt.

Ich nehme das Garn Natura XL als Einlegefaden, man kann auch eine einfache Baumwollkordel oder ein anderes Garn verwenden.

Der Teller ist von Via R&S,
Das Schälchen ist von de J.F. Schum GmbH & Co KG
Würzburg,
das Besteck ist von WMF.

Das Obstschälchen stammt aus Italien, ist aber schon einige Jahre alt und hat keinen Aufdruck auf der Unterseite, die Herstellerfirma weiß ich nicht mehr.

PLATZSET MIT EINLEGFADEN AUS DMC NATURA MEDIUM FARBE 77

Setgröße ca 26cm, Gewicht ca 85g,
genau 1 Knäuel Natura Medium + 35g Natura XL Farbe 03 für den Einlegfaden (Faden wird doppelt genommen)

DMC Natura Medium, 100% Baumwolle, 50g Knäuele mit ca 75m Lauflänge,
Häkelnadel 4

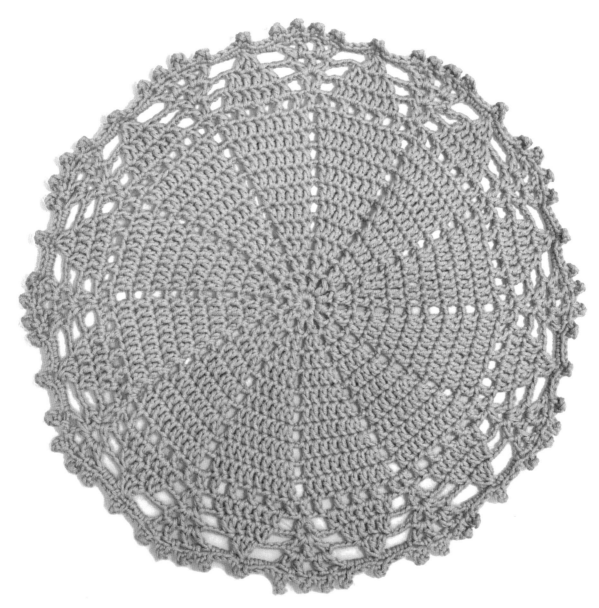

Blaues Set aus Natura Medium
Setgröße 37cm, Gewicht ca 80g, Häkelnadel 4

DMC Natura Medium, 100% Baumwolle, ca 75m /50g
Das Set lässt sich nicht leicht vergrößern oder verkleinern. Darum ist man etwas an diese Garnstärke
gebunden. Man kann innen 2 Runden mehr und in der Randspitze 1 Runde mehr häkeln, also 3 Runden mehr.

Das romantische Geschirr oben ist Eaton Place von butlers.com,

das Geschirr hier rechts ist VIVO von Villeroy & Boch,

das Besteck ist von WMF

und die Serviette ist eine Antiquität mit handgesticktem Monogramm.

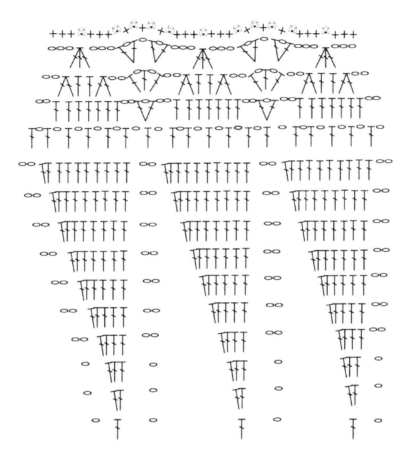

Ich starte mit 12 Feste Maschen und darauf 12 Stäbchen mit je 1 Luftmasche dazwischen für die verschiedenen Segmente, in der Zeichnung beginne ich mit der 2. Reihe.

Dieses Muster passt zu einem Häkelgarn mit ca 75m/50g.

Ist das Häkelgarn dünner muss man mehr Runden häkeln. Eigentlich kann man natürlich die Segmente beliebig größer werden lassen, also mehr Runden häkeln. Nur muss man dann die Abschlussspitze auch anpassen.

Dann haben die Dreiecke in der Randspitze mehr Reihen bis alle Maschen wieder abgenommen sind und der Fächer dazwischen wird größer.

PLATZSET AUS NATURA LINEN IN GRÜNLICH NATUR, FARBE 31

Setgröße 37cm, Gewicht 110g

Für dieses Platzset nehme ich das Leinengarn doppelt* und häkle mit Häkelnadel 4,
DMC Natura Linen 58% Leinen, 26% Viskose, 16% Baumwolle.
* Man kann einen Knäuel außen und innen miteinander verwenden.

Das Set ist sehr grob gearbeitet,
aber viele Arten von Geschirr sehen
darauf gut aus.

Die Suppenschale mit Löwenköpfe rechts
ist von Rösler-Ceramtec.de,

das Geschirr unten ist von CreaTable
Porzellanhaus GmbH
Kleinblittersdorf
und zwar die Porzellanvariante,

die Serviette von Wonder Linen, Litauen
über etsy.com

Das Besteck ist von WMF.

Platzset aus Leinen

6 Runden häkle ich mit Stäbchen hinten eingestochen.

Die nächste Reihe wird in 2 Runden gehäkelt:
1. Runde: Start mit 4 Luftmaschen, dann 1 Stäbchen und 2 Luftmaschen auf jede 2. Masche.
2. Runde: Nun häkelt man 1 Feste Masche und 1 halbes Stäbchen um das Stäbchen, dann 1 Kettmasche an das Stäbchen.

Die nächste Reihe häkle ich wie die oben genannte Reihe. Nur häkle ich nach dem schrägen Stäbchen noch 1 Luftmasche und dann erst die Kettmasche.

Die 3. Reihe beginnt mit 6 Luftmaschen, dann folgen fortlaufend 1 Stäbchen und 3 Luftmaschen. In der folgenden Runde häkle ich schräg 1 Feste Masche, 1 halbes Stäbchen und 1 Stäbchen um das senkrechte Stäbchen.

In der Abschlussreihe häkle ich beide Reihen der letzten Runde mit Festen Maschen zusammen.

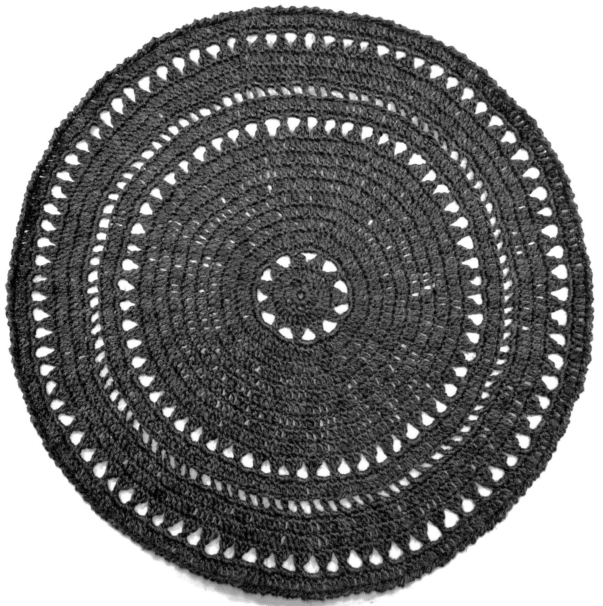

SET AUS NATURA LINEN IN ANTHRAZIT FARBE 123
Setgröße ca 38cm, Gewicht 66g
Material: 58% Leinen, 26% Viskose, 16% Baumwolle

Da das anthrazitfarbene Set auf hellem Untergrund irgendwie etwas löchrig wirkt,
häkle ich mit einer Häkelnadel Stärke feiner, nämlich mit einer Häkelnadel 2.5 statt 3.

ANLEITUNG FÜR DIE SCHWARZE ROSETTE

6 Luftmaschen mit Kettmasche zum Ring schließen. Da hinein häkle ich 4 Luftmaschen und 12 Stäbchen + je 1 Luftmasche. Mit einer Kettmasche wird die Runde wieder beendet.

In der nächsten Runde beginne ich mit 3 Luftmaschen und häkle dann auf jede Luftmasche 2 Stäbchen und um die Stäbchen wie auf der nächsten Seite beschrieben je 1 Stäbchen.

Die 3. Runde muss natürlich anders gehäkelt werden als im Set.
Ich häkle für jeden Zacken:
3 Luftmaschen, auf die nächste Masche dann 1 Stäbchen, 1 Luftmasche, 1 Doppelstäbchen, 1 Luftmasche, 1 Stäbchen, 1 Luftmasche. Auf die nächsten beiden Maschen kommen dann je 1 Feste Masche und danach 1 Luftmasche bis dann wieder die 3 Stäbchen auf die folgende Masche gehäkelt werden.

Das Mittelmotiv als Dekoteil für die Serviette.

Dazu häkle ich eine Rosette und daran einen lange Kette Luftmaschen aus ca 50 - 70 Luftmaschen.

Dann häkle ich die 2. Rosette und nehme danach die Luftmaschenkette der 1. Rosette in die Hand und häkle darauf Feste Maschen bis hin zur 1. Rosette.

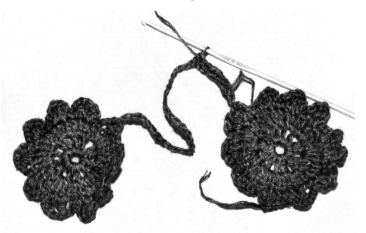

3 ZUSAMMEN ABGEMASCHE STÄBCHEN

3 Stäbchen beginnen,

dann hole ich den Faden und ziehe ihn durch die 3 Schlaufen der Stäbchen.

Danach hole ich wieder einen Faden und masche die letzten beiden Schlaufen ab.

Auf die Runde mit den zusammengehäkelten Stäbchen häkle ich eine Runde Feste Maschen und danach wieder eine Runde Stäbchen.

Dass sich keine Löcher bilden, häkle ich folgende Masche über jede Spitze der drei zusammen beendeten Stäbchen:

 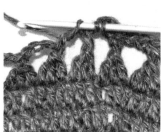

Ich hole rechts und links der unteren Maschengruppe eine Schlaufe, hole dann wieder eine Fadenschlaufe und gehe mit der Nadel durch alle 3 Schlaufen auf der Nadel.

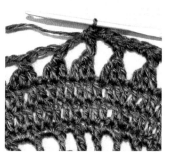

49

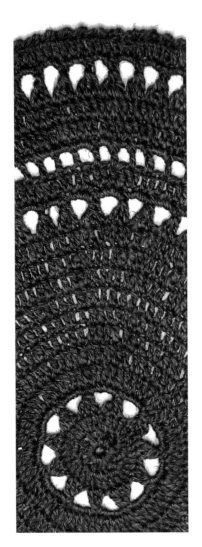

Anleitung für das schwarze Set

Hier beginne ich mit einer kleinen Rosette in der Mitte.
Diese Rosette kann man natürlich auch für andere Set verwenden.

Ich starte mit 6 Luftmaschen und da hinein 4 Luftmaschen und 12 Stäbchen + je 1
Luftmasche. Mit einer Kettmasche wird die Runde beendet.

In der nächsten Runde beginne ich mit 3 Luftmaschen und häkle dann auf jede
Luftmasche 2 Stäbchen und 1 Stäbchen auf jedes Stäbchen.

Nun kommt eine Runde mit jeweils 3 zusammengehäkelten Stäbchen und dazwischen
je 3 Luftmaschen.

Jetzt folgt eine Runde Feste Maschen. Auf die Luftmaschen kommen je 3 Feste
Maschen und um die Spitze der Stäbchen häkle ich je 1 Feste Masche die ich rechts
und links von der Spitze beginne und zusammen beende - siehe vorherige Seite.

Nun häkle ich ich 8 Runden Stäbchen wobei ich nach Bedarf zunehme.

Dann kommt wieder eine Runde, bei der immer 3 Stäbchen angefangen und
zusammen beendet werden + 3 Luftmaschen. Darauf folgt eine Runde Feste Maschen.
Je nachdem ob man eher viele oder eher wenige Maschen insgesamt hat, häkelt man
auf die 3 Luftmaschen 2 Feste Maschen oder auch mal 3 Feste Maschen + je 1 Feste
Masche auf bzw um die Spitze der Stäbchen.

Danach folgt 1 Runde Stäbchen und 1 Runde Stäbchen, bei denen ich immer nur auf
jede 2. Masche ein Stäbchen häkle und dazwischen immer 2 Luftmaschen.

Nach dieser Lochreihe häkle ich wieder eine Runde feste Maschen. Dabei häkle ich
nach Gefühl 1 oder 2 Feste Maschen auf die Luftmaschenbögen und 1 Feste Masche
auf bzw um jedes Stäbchen.

Danach kommen 2 Runden Stäbchen und noch eine Runde mit jeweils 3
zusammengehäkelten Stäbchen + 3 Luftmaschen.

Nach dieser Lochreihe häkle ich wieder eine Runde feste Maschen. Dabei häkle ich
nach Gefühl meist 1 Feste Maschen auf die Luftmaschenbögen und 1 Feste Masche
auf bzw um jedes Stäbchen, weil ich reichlich Maschen in der Runde hatte.

Wenn das Set größer werden soll, kann man gerne noch weitere Stäbchenrunden und
Lochreihen häkeln. Ich häkle nun nur noch 1 Runde Stäbchen und zum Schluss eine
Runde Krebsmaschen.

GOLDBRAUNES SET AUS DMC NATURA JUST COTTON FARBE 37

Setgröße 37cm, Gewicht ca 80g, Häkelnadel 3

DMC Natura just Cotton, 100% Baumwolle, ca 155m /50g
Das Set lässt sich leicht vergrößern, denn man kann gut noch ein paar Runden mehr häkeln.
Die Strahlen werden dann etwas breiter.

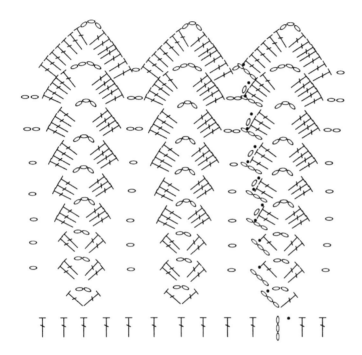

Ich beginne mit 3 Luftmaschen und 12 Stäbchen und häkle darauf noch 7 Runden Stäbchen, die ich immer mit einer Kettmasche beende und bei allen Maschen nur hinten einsteche.

Danach kommt das Strahlenmuster. Die Stäbchenreihe entspricht der 8. Runde Stäbchen.

In der 9. Runde häkle ich auf jede 4. Masche folgendes: 1 Stäbchen, 2 Luftmaschen, 1 Stäbchen. Damit ist die Einteilung für die Strahlen gemacht. Es folgt dann die Häkelschrift hier links für die Strahlen.

Wenn das Häkelgarn dicker ist als 125m oder 155m/50g, kann man zum Beispiel eine oder auch 2 Runden weg lassen. Je nachdem wie groß das Platzdeckchen sein soll.

Das Geschirr oben ist Eaton
Place von Butlers

die Leinen Servietten ist ein
antikes Teil.

und das Besteck auf beiden
Bildern ist von WMF.

Der cremeweiße Teller unten
ist von VIA von R&S
und die Pastaschale ist aus der
Serie Vapiano von Villeroy &
Boch.

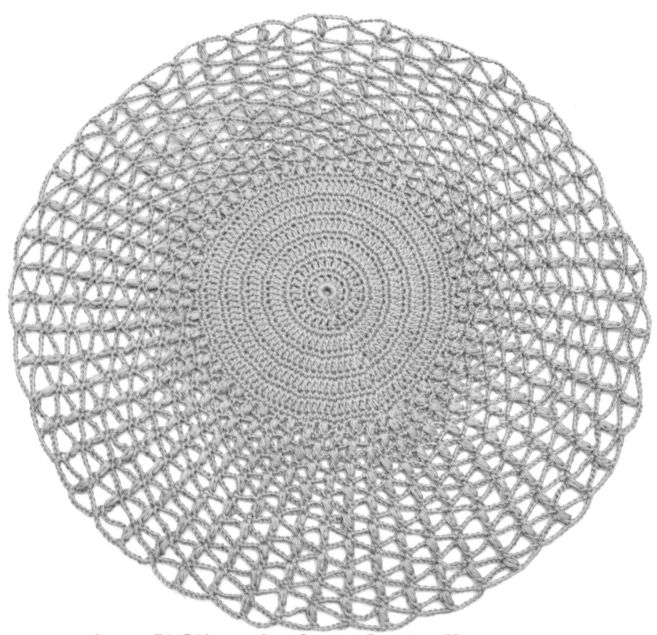

SET AUS DMC NATURA JUST COTTON FARBE LIN 78, LEINENFARBIG

genau ein 50g-Knäuel für das Set mit ca 38cm Durchmesser,
100% Baumwolle, ca 155m / 50g-Knäuel, Häkelnadel 2.5

Oben ein schweres Steingut
Gedeck, Eaton Place von
Butlers, unten ein schlichtes
aus Porzellan von Villeroy &
Boch.
Sie sehen wozu das Set besser
passt.

 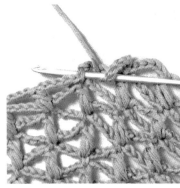 

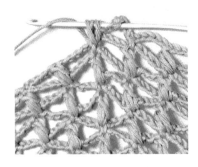 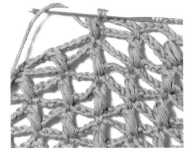 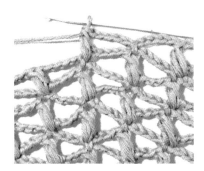

Man kann die Noppen
länger ziehen oder
kompakt häkeln.

Innen häkle ich sie
kleiner als außen.

NOPPE AUS 2 MASCHEN:

Bild 1: Einen Umschlag auf die Nadel nehmen,
Bild 2: in die Kettmasche einstechen,
Bild 3: Faden holen und wieder einen Umschlag auf die
Nadel nehmen.
Bild 4: Wieder eine Schlaufe durch die Kettmasche ziehen.
Bild 5: Nun eine neue Fadenschlaufe durch die
aufgenommen Schlaufen ziehen.
Bild 6: Zum Schluss auch die letzten beiden Maschen mit
einer Schlaufe abmaschen.

ANLEITUNG FÜR DAS NOPPENSET:

In der Mitte häkle ich abwechselnd Runden aus Stäbchen und aus Festen Maschen. Dabei nehme ich immer in der Runde mit Festen Maschen zu und häkle in der Runde mit den Stäbchen immer 1 Stäbchen auf 1 Feste Masche.

Ich starte mit 5 Luftmaschen zum Kreis geschlossen und dahinein häkle ich 3 Luftmaschen und 14 Stäbchen.
In der nächsten Runde verdopple ich die Maschen und häkle Feste Maschen.
In der folgenden Runde mit Festen Maschen häkle ich 2 mal je 1 Feste Masche und einmal 2 Feste Maschen auf 1 Stäbchen.
In der darauffolgenden Runde mit Festen Maschen häkle ich 3 mal je 1 Feste Masche und einmal 2 Feste Maschen auf ein Stäbchen.
Danach kommen 4 mal je 1 Feste Maschen und in der Reihe darauf 5 mal je 1 Feste Masche.

Jetzt kommt der Wechsel zu den Runden mit den Noppen.
Ich starte mit einer Luftmasche (für eine Feste Masche), dann kommen 2 Luftmaschen und eine Noppe auf die übernächste Feste Masche. Danach kommen wieder 2 Luftmaschen.
Nun lasse ich wieder 1 Masche aus, dann kommen 2 Feste Maschen.
So häkle ich abwechselnd 2 Luftmaschen, 2 Feste Maschen, 2 Luftmaschen und eine Noppe und lasse unten immer 1 Masche aus.

Ab jetzt kann man die Zahl der Noppen in der Runde nicht mehr erhöhen, die nächsten Runden variieren nur in der Anzahl der Luftmaschen dazwischen. Die Noppen häkle ich am Anfang kompakter und nach außen langegezogener.
Auf die 2 Feste Maschen der ersten Noppenrunde häkele ich eine Noppe und auf die Noppe eine Kettmasche.
Die Runden mit den Noppen häkle ich fortlaufend ohne Kettmasche am Rundenende.
Darum gibt es in der ersten Runde eine Stelle, die etwas verkehrt aussieht, weil hier der Übergang von der ersten zur zweiten Noppenrunde ist.

In den folgenden Runden ändert sich die Anzahl der Luftmaschen wie folgt:
2 Runden mit 2 Luftmaschen,
4 Runden mit 3 Luftmaschen,
4 Runden mit 4 Luftmaschen,
4 Runden mit 5 Luftmaschen,
2 Runden mit 6 Luftmaschen.
Mit Ende des Garnknäuels habe ich das Set beendet.

SET AUS DMC NATURA JUST COTTON FARBE 56 GRAUBLAU

65 g Garn für das Set mit ca 40cm Durchmesser,
100% Baumwolle, ca 155m / 50g-Knäuel, Häkelnadel 2.5

Das Geschirr links:
Der cremeweiße Teller ist
von VIA von R&S
und die Pastaschale ist aus der Serie Vapiano
von Villeroy & Boch.

Das Geschirr unten ist von CreaTable
Porzellanhaus GmbH
Kleinblittersdorf
und zwar die Porzellanvariante,

die Leinen Servietten links ist ein antikes Teil,
die unten ist von DMC.

Und das Besteck auf beiden Bildern ist von
WMF.

KETTENSTICHRUNDE, DIE SICH DEUTLICH HERVOR HEBT.

Die untere Reihe sind halbe Stäbchen, darauf kommen Reliefstäbchen.
Da es am besten geht, wenn man 1 Stäbchen auf 1 halbes Stäbchen häkelt, ist es ratsam in der Runde davor, bei den Festen Maschen auf die Luftmaschenbögen zuzunehmen.

Dass sich vorne eine Kettenstichlinie bildet, die sich plastisch hervorhebt, umfasst man das halbe Stäbchen von hinten.

Graublaues Tischset:

Ich häkle dieses Set in Runden, die jeweils mit einer Kettmasche geschlossen werden und die mit 1 bis 3 Luftmaschen zum Wenden beginnen.

Ich beginne mit 5 Luftmaschen zum Ring geschlossen und häkle 3 Luftmaschen und 15 Stäbchen.
Runde 2: Auf jede Masche ein Stäbchen + 1 Luftmasche, Stäbchen, nur hinten einstechen.
Runde 3: Auf jedes Stäbchen 1 Stäbchen + 2 Stäbchen auf die Luftmasche.
Runde 4: Auf jede Masche ein Stäbchen wobei die Stäbchen nur hinten eingestochen werden.
Runde 5: Zum Beginn der Runde 4 Luftmaschen und dann auf jede 2. Masche ein halbes Stäbchen und dazwischen 2 Luftmaschen.
Runde 6+7: Am Rundenanfang mit 1 Luftmasche und 1 Kettmaschen in die Mitte des ersten Luftmaschenbogens gehen, dann 4 Luftmaschen häkeln und nun fortlaufend jeweils 1 halbes Stäbchen auf den nächsten Luftmaschenbogen häkeln und dazwischen 2 Luftmaschen. In der 7. Runde statt 2 nun 3 Luftmaschen zwischen den halben Stäbchen häkeln.
Runde 8: Rundum Feste Maschen häkeln. 3 auf die Luftmaschen und 1 auf und um das Stäbchen - siehe Seite 49.
Runde 9: Auf jede Masche ein halbes Stäbchen häkeln, wenn nötig nach Gefühl zunehmen. Siehe Seite 5.
Runde 10: Auf jedes halbe Stäbchen wird nun ein Stäbchen gehäkelt. Dabei die halben Stäbchen von hinten umfassen, dass sich die Oberkante als Kettenstichrunde hervorhebt.
Runde 11: Mit 4 Luftmaschen beginnen und dann auf jede 2. Masche ein Stäbchen häkeln, immer nur hinten einstechen. Und dazwischen 1 oder 2 Luftmaschen - die Stäbchen sollen etwas rechtwinklig ausgerichtet sein. Wenn sich das Stäbchen etwas nach rechts neigt, 2 Luftmaschen häkeln.
Runde 12: Jetzt folgt wieder eine Runde Feste Maschen. 2 Feste Maschen auf die Luftmaschen und immer 1 Feste Masche auf und um die Stäbchen.
Runde 13 - 16: Nur Feste Maschen häkeln und nach Bedarf dabei zunehmen. Dabei immer nur hinten einstechen.
Runde 17 ist wieder eine Lochmusterreihe. Auf jede 2. Masche wird ein Stäbchen gehäkelt und dazwischen immer 2 kleine Luftmaschen.
Runde 18 und 19: Wie bei Runde 6+7 auf die Luftmaschen immer ein Stäbchen häkeln, dazwischen in Runde 18: 2 Luftmaschen in Runde 19: 3 Luftmaschen.
Runde 20 bis 22 werden wie Runde 8, 9 und 10 gehäkelt. Allerdings in Runde 8 meist nur je 2 Feste Maschen auf die Luftmaschen häkeln.
Runde 23 ist wieder eine Lochreihe bei der auf jede 2. Masche ein Stäbchen gehäkelt wird. Wieder nur hinten einstechen.
Runde 24, 25 und 26 wird wieder wie die Runden 8, 9 und 10 gehäkelt.
Runde 26 ist wieder eine Lochmusterrunde, bei der auf jede 2. Masche ein Stäbchen gehäkelt wird und dazwischen je 2 kleine Luftmaschen.
In Runde 27, 28 und 29 wird wieder je 1 Stäbchen auf die Luftmaschen gehäkelt und dazwischen je 2 kleine Luftmaschen.
Runde 30: Rundum werden wieder Feste Maschen gehäkelt. Die Runde ist nun groß, es reicht wenn man meist je 1 Feste Masche auf die Luftmaschen häkelt und immer 1 Feste Masche auf und um jedes Stäbchen.
Zum Schluss häkle ich noch eine Runde Feste Maschen, wobei wieder nur hinten eingestochen wird.

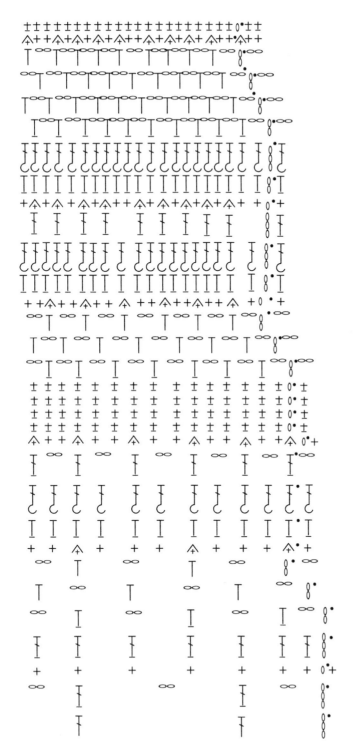

In den Runden wenn die Festen Maschen auf die Luftmaschenbögen gehäkelt werden, wird reichlich zugenommen. Danach muss man schauen, wann wieder Zunahmen nötig sind.

Die Stäbchen mit Haken bedeuten, dass hier eine Reliefmasche gehäkelt wird, wobei die Masche darunter von hinten umfasst wird. Dadurch hebt sich die Oberkante der Reihe darunter als Kettmaschenlinie nach vorn.
Siehe Seite 60

Die Feste Masche mit Dach darauf bedeutet, dass hier rechts der unteren Masche und links davon eine Schlaufe geholt wird und dann alle Schlaufen zusammen beendet werden.
Siehe Seite 49.
Alternativ kann man auch einfach eine Masche auf die Masche darunter häkeln.

Die Maschen, die unten einen Strich haben, bedeutet dass man hier nur hinten einsticht.
Siehe Seite 26.

Auf die Anfangstäbchen häkle ich je 1 Stäbchen + 1 Luftmasche

Start mit 16 Stäbchen

ROSA SET AUS DMC NATURA JUST COTTON COL. 82

Setgröße 37cm, Gewicht ca 80g, Häkelnadel 3

DMC Natura just Cotton, 100% Baumwolle, ca 155m /50g

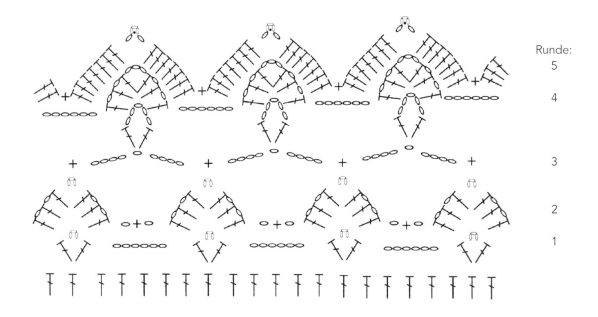

Wie Sie die Innenfläche häkeln ist eigentlich egal.
Ich habe eine Fläche von ca 25cm abwechselnd aus Reihen
mit Stäbchen und Festen Maschen gehäkelt, wobei ich
immer nur hinten einsteche.

Dann kommt die oben gezeigte Randspitze.
Dazu häkle ich auf jede 6. Masche: 1 Stäbchen,
3 Luftmaschen, 1 Stäbchen und dann noch 6 Luftmaschen.

Wenn das Muster nicht aufgeht, einfach verteilt mal eine
Masche mehr oder weniger auslassen.

Oben das Geschirr Rubin in creme von
Seltmann Weiden,

unten das Geschirr unten ist von
CreaTable Porzellanhaus GmbH
Kleinblittersdorf
und zwar die Porzellanvariante,

Die Serviette ist von Wonder Linen,
Litauen, über etsy
und das Besteck ist von WMF.

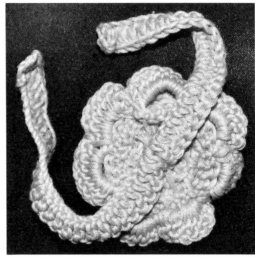

Für die Rose häkele ich ca 100 Luftmaschen und darauf 100 Feste Maschen.

Als nächstes häkle ich eine Reihe Luftmaschenbögen. Dazu häkle ich zuerst 3 mal 3 Luftmaschen und je eine Feste Masche auf die 3. und 4. Feste Masche. Ich lasse also 2 Maschen aus. Auf die weiteren festen Maschen häkle ich immer 4 Luftmaschen und lasse 3 Feste Maschen aus bis ich 2 Feste Maschen häkle.

Auf der Rückreihe häkle ich immer 1 Kettmasche auf die Mitte zwischen den beiden festen Maschen, dann 1 Luftmasche und 5 oder 7 Stäbchen in jeden Luftmaschenbogen. Dann wieder eine Luftmasche und eine Kettmasche auf die nächsten Festen Maschen. Am Ende lasse ich einen langen Faden hängen.

Daraus entsteht eine Häkelteil wie man es links oben sieht. Dieses Teil rolle ich zur Rose auf und nähe es mit dem Endfaden auf der Unterseite so in Form, dass sich eine schöne Rose bildet.

Separat häkle ich noch einmal ca 70 Luftmaschen und darauf 70 Stäbchen. Das gibt ein Bändchen auf das ich die Rose nähe. Nun kann ich das Teil um die Serviette schlingen.

Mandala Set, ca 40 cm Durchmesser

aus Scheepjes Catona, je ein 25g-Knäuel in Farbe 517 lila beige, 394 pflaume dunkel,
240 mild lila, 512 hellgrün,
100% Baumwolle, ca 125m/50g, Häkelnadel 3.

Mandala Häkeln nennt man runde Häkelmotive,
die in mehreren Farben gehäkelt werden und bei denen gerne
Reliefstäbchen und tiefgestochene Maschen verwendet werden,
dass die Häkelarbeit dreidimensional wirkt.

Da man besondere Maschen häkelt und mal von vorn und mal
von hinten um Maschen herum sticht, ist diese Art zu häkeln
relativ schwierig, sieht aber super aus,
sofern man es bunt mag.

DIE ANLEITUNG FÜR DAS MANDALA SET IN WORTE:

Runde 1 pflaume: 12 Stäbchen.

Runde 2 pflaume: Auf jedes Stäbchen 2 Stäbchen häkeln - dabei jeweils ein normales Stäbchen häkeln und ein Reliefstäbchen.

Runde 3 beige: Abwechselnd ein einzelnes und 2 Stäbchen auf eine Masche häkeln.

Runde 3b pflaume: 4 Luftmaschen häkeln und 1 Relief Doppelstäbchen um das übernächste Reliefstäbchen der 2. Runde, dann 2 Kettmaschen machen bis zum nächsten Reliefstäbchen. der 2. Runde. !Nun häkle ich 1 Relief Doppelstäbchen um das vorige Stäbchen über dem Reliefstäbchen und ein Relief Doppelstäbchen um das Stäbchen über dem nächsten Relief Doppelstäbchen! nun kommen wieder 2 oder 3 Kettmaschen und die Relief Doppelstäbchen wie von ! zu !.

Rund 4 beige: Immer 2 einzelne Stäbchen häkeln und dann 2 Stäbchen auf ein Stäbchen häkeln. Dabei einfach die Kettmaschen der Runde 3b in pflaume überhäkeln, dass man sie nicht mehr sieht.

Runde 4b pflaume: Mit einer Relief Festen Masche um eine Zackenspitze in pflaume beginnen, dann 6 Luftmaschen machen und ein Relief Doppelstäbchen um die nächste Zackenspitze der Runde 3b in pflaume, ! wieder 4 Luftmaschen und ein Relief Doppelstäbchen um die nächste Zackenspitze in pflaume der Runde 3b !. Von ! zu ! wiederholen.

Runde 5 pflaume: Mit einer Relief Festen Masche um die ersten Luftmaschen von Runde 4b beginnen. Dann kommen 6 Luftmaschen und danach fortlaufend ein Relief Stäbchen um das Relief Doppelstäbchen der Runde 4b und 4 Luftmaschen.

Runde 6 grün: 3 Luftmaschen, 2 Stäbchen, 1 tief gestochenes Stäbchen in Runde 4, 3 Stäbchen, 1 Luftmasche. Nun häkle ich ! 3 Stäbchen, 1 tief gestochenes Stäbchen in Runde 4, 3 Stäbchen auf jeweils 4 Luftmaschen, dann 1 Luftmasche! von ! zu ! jeweils auf die Luftmaschen häkeln.

Runde 7 lila: 3 Luftmaschen, 3 zusammengehäkelte Stäbchen auf die Luftmasche, 3 Luftmaschen und dann eine Relief Feste Masche um die grüne tief gestochene Masche häkeln und wieder 3 Luftmaschen.

Runde 8 pflaume: Auf die 3 Luftmaschen von Runde 7 werden 4 Feste Maschen gehäkelt und auf die zusammen gehäkelten Stäbchen eine Feste Masche.

Runde 9 lila: Um die 3 zusammengehäkelten Stäbchen häkle ich eine Relief Feste Masche, auf die Lücke zwischen den Festen Maschen eine Muschel aus 1 Doppelstäbchen, 4 Stäbchen, 1 Doppelstäbchen.

Runde 10 lila: 4 Luftmaschen, 2 Feste Maschen auf die nächste Muschel, 3 Luftmaschen, 1 Relief Feste Masche, 3 Luftmaschen und dann kommen wieder 2 Feste Maschen auf die nächste Muschel.

Runde 11 beige + lila: Rundum Stäbchen häkeln. 3 Stäbchen auf die Luftmaschen, je 1 auf die beiden festen Maschen und ein Relief Stäbchen um die Relief Masche. Farblich wechsle ich jede Masche zwischen den beiden Farben.

Runde 12 beige: Auf jede Masche eine Feste Masche.
Runde 13 grün: Je 1 Reliefstäbchen auf jede Feste Masche, bei dem ich die Feste Masche darunter von hinten umfasse. Alternativ kann man auch auch Stäbchen häkeln, die man nur hinten einsticht. Beides sieht man an meinem Platzset.

Ich habe an dieser Stelle relativ viele Maschen, darum muss ich erst mal nichts zunehmen. Daum häkle ich in Runde 14 auf jede Masche eine Masche. Wer eher zu wenige Maschen hat, kann die beiden Stäbchen auch in eine Masche häkeln.

Runde 14 lila: Rundum immer das häkeln: 1 Feste Masche, 1 halbes Stäbchen, 1 Stäbchen, 3 Luftmaschen, 1 Stäbchen, 1 halbes Stäbchen, 1 Feste Masche, 1 Luftmasche und darunter 1 Masche fei lassen.
Runde 15 pflaume: 4 Luftmaschen, 2 Stäbchen, 3 Luftmaschen, 2 Stäbchen, 3 Luftmaschen, 1 tiefgestochenes Reliefstäbchen, das um die Masche der 12. Runde darunter geht.
Runde 16 beige: 5 Luftmaschen, 3 Luftmaschen, 4 Luftmaschen, 1 Feste Masche auf den nächsten Luftmaschenbogen darunter, dann kommen wieder 11 Luftmaschen und 1 Feste Masche auf den nächsten Luftmaschenbogen.
Runde 17 beige: Auf die 4 Luftmachen, kommen 4 Feste Maschen und auf den kleinen Luftmaschenbogen oben kommen 1 Feste Masche, 3 Luftmaschen, 1 Feste Masche.
Runde 18 lila: 8 Luftmaschen und 1 Feste Masche auf den kleinen Luftmaschenbogen.
Runde 19 beige / lila: Rundum Stäbchen, bei denen ich die beiden Farben mit jeder Masche wechsle. Auf jeden Luftmaschenbogen häkle ich 11 Stäbchen und dann 1 Reliefstäbchen um die Feste Masche die auf der Spitze der Bögen steht.
Runde 20 beige: Rundum Feste Maschen.
Runde 21 grün: Rundum Relief Feste Maschen.

Wenn man diese Feste Maschen als Reliefmaschen häkelt, sieht man von vorne eine Kettmaschenrunde in beige.

Runde 22 grün: Auf jede Masche häkle ich 1 Masche und wiederhole dabei folgendes:
1 Kettmasche, 1 Feste Masche, 1 halbes Stäbchen, 1 Stäbchen, 1 Doppelstäbchen, 3 Luftmaschen, 1 Doppelstäbchen, 1 Stäbchen, 1 halbes Stäbchen, 1 Feste Masche, 1 Kettmasche, 1 Luftmasche über eine ausgelassene Masche.
Wenn bei Ihnen der Rand eng ist, kann man die Doppelstäbchen in eine Masche häkeln.
Runde 23: 1 Relief Feste Masche um den Anfang der Runde darunter, dann 5 Luftmaschen, 1 halbes Stäbchen, 3 Luftmaschen, 1 halbes Stäbchen auf den nächsten kleinen Luftmaschenbogen und wieder 5 Luftmaschen, 1 Reliefstäbchen tief gestochen um eine Kettmasche der 21. Runde. Danach kommen wieder 5 Luftmaschen und die nächsten halbes Stäbchen/ Luftmaschen/ halbes Stäbchen.
Runde 24 pflaume: Nur Feste Maschen, auf die Luftmaschen zwischen den halben Stäbchen ein Pikot und um das Reliefstäbche eine Relief Feste Masche.

Farblich sind bei meiner Farbaufteilung alle 4 Knäuele ganz zu Ende verhäkelt.

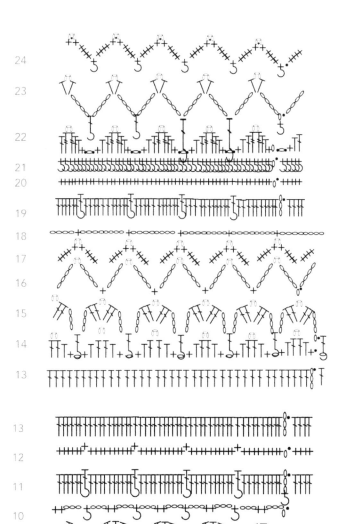

Bei diesem Muster benutze ich sehr oft Reliefstäbchen und in Runde 23, 15 und 4 umfasse ich sogar Maschen eine Runde tiefer.

In Runde 11 und 19 häkle ich die Stäbchen abwechselnd in 2 Farben. Einfach ständig den Knäuel wechseln.

Farbwechsel:
Runde 1+2 pflaume, 3+4 in beige, 3a,4a +5 in pflaume, 6 in grün, 7 in lila, 8 in pflaume, 9 + 10 in lila, 11 lila/ beige im Wechsel, 12 in beige, 13 in grün, 14 in lila, 15 in pflaume, 16+17 in beige, 18 in lila, 19 lila / beige im Wechsel, 20 beige, 21 + 22 grün, 23 lila, 24 pflaume

Die Runde 13 zeichne ich doppelt, sonst muss ich die Zeichen oben zu eng oder unten zu weit auseinander zeichnen.

In der Mitte werden Zwischenrunden gehäkelt, damit legen sich Maschen über andere Maschen. Die blau und grün unterlegten Reliefstäbchen werden in einer zusätzlichen Runde über die andere Runde gehäkelt.

Wem das zu kompliziert ist, kann auch einfache Runden in der Mitte häkeln, wenn Teller darauf stehen, sieht man es ja nicht.

Beginn mit 12 Stäbchen

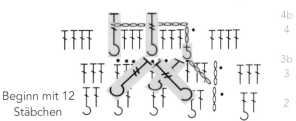

BLAUES MANDALA SET, CA 42 CM DURCHMESSER

aus Scheepjes Catona, je ein 25g-Knäuel in Farbe 397 hellblau, 146 mittelblau, 400
dunkelblau, 244 dunkel grüngrau, 385 sehr helles grün
100% Baumwolle, ca 125m/50g, Häkelnadel 3.

Natürlich kann jeder die Farben frei wählen.

Ich nehme hier 3 abgestufte Töne, ein sehr heller und ein dunkler eher farblosen Ton, der aber doch zum hellsten Ton passen sollte.

Den Außenrand könnte man natürlich auch dunkel häkeln. Mir war es aber doch zu dunkel mit dem dunklen Grüngrau.

DAS BLAUE BUNTE PLATZSET

Farbe385: Start mit 6 Luftmaschen zum Ring geschlossen und da hinein 12 Stäbchen + jeweils 1 Luftmasche.

Runde 2: Immer 2 Stäbchen auf die Luftmasche darunter + je 1 Luftmasche.

Farbe 397 und Runde 3: Immer 3 Stäbchen auf die Luftmaschen und je 1 Luftmasche dazwischen.

Farbe 146 und Runde 4: Auf die Luftmaschen werden jetzt 2 Stäbchen, 2 Luftmaschen, 2 Stäbchen und wieder 2 Luftmaschen gehäkelt.

Farbe 400 und Runde 5: Auf die Luftmaschen häkle ich nun je 1 Stäbchen, 2 Luftmaschen, 1 Stäbchen.

Farbe 244 und Runde 6: Jetzt häkle ich 3 Stäbchen und 2 Luftmaschen auf die Luftmaschen.

Farbe 385 und Runde 7: Nun kommen immer 2 Luftmaschen, 2 Stäbchen, 2 Luftmaschen, 2 Stäbchen auf die Luftmaschen der Runde darunter.

Farbe 397und Runde 8: Jetzt kommt wieder eine Zickzack Runde. Ich häkle 1 Stäbchen, 2 Luftmaschen, 1 Stäbchen auf die Luftmaschen.

Farbe 146 und Runde 9: Immer 2 Stäbchen und 2 Luftmaschen.

Farbe 400 und Runde 10: Noch einmal 2 Stäbchen und 2 Luftmaschen.

Runde 11 bis 16: Immer 3 Stäbchen und 2 Luftmaschen. Jede Runde in einer anderen Farbe.

Farbe 385 und Runde 17: 5 Stäbchen und 3 Luftmaschen dazwischen.

Soll das Set größer werden kann man gerne 2 oder 4 Runden mehr mit 4 Stäbchen häkeln. Aber eigentlich ist das Set schon recht groß.

Nun die Randgestaltung:

Farbe 397 und Runde 18: 2 Stäbchen, 5 Luftmaschen, 2 Stäbchen auf die Luftmaschen. Es sollte in dieser Runde eine gerade Anzahl von Luftmaschenbögen geben, dass das Randmuster aufgeht.

Runde 18 und 19 in Farbe 146.

Runde 18: Auf einen Luftmaschenbogen 9 Doppelstäbchen und 2 Luftmaschen, auf den nächsten Luftmaschenbogen 1 Feste Masche und 2 Luftmaschen häkeln.

Runde 19: Auf die Doppelstäbchen häkle ich 10 Feste Maschen, die ich nur hinten einsteche und dazwischen im Bogen über die Feste Masche hinweg 4 Luftmaschen.

Farbe 400 und Runde 20: Auf die Luftmaschenbögen häkle ich nun 9 Doppelstäbchen, dann 1 Luftmasche und 3 Feste Maschen mittig auf die Festen Maschen. Und dann wieder 1 Luftmasche. Ganz außen wähle ich wieder hellblau, weil ich davon noch am meisten Garn habe und ich keinen dunklen Rand haben möchte.

Farbe 397 und Runde 21: 1 Feste Masche auf jede Masche und in der Mitte der Doppelstäbchen 3 Luftmaschen als kleine Spitzen.

ROTES PLATSET MIT STERN IN DER MITTE

ca 39cm Durchmesser, 77g Gewicht
aus Scheepjes Catona, Farbe 192 dunkelrot, 100% Baumwolle, ca 125m/50g, Häkelnadel 3.

Dieses Set ist eigentlich ähnlich wie das Set von Seite 51. Hier mit anderer Außenkante und einem Stern in der Mitte.

Dieses Garn von Scheepjes ist fest
gedreht, das Garn von DMC besteht aus
mehreren dünnen Einzelfäden.
Für mich wirkt das Garn aus Einzelfäden
etwas schöner in der Gesamtwirkung.

Die Suppentasse oben ist aus der alten Serie
Crown Ducal Bristol rot

Das Geschirr rechts ist
Eaton Place von Butlers,

das Bestecke ist von WMF

und die Leinenserviette ist von Wonder
Linen, Litauen, gekauft über etsy.com.

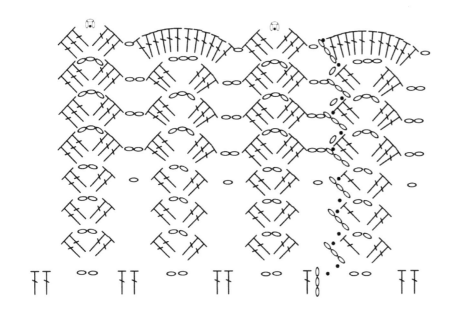

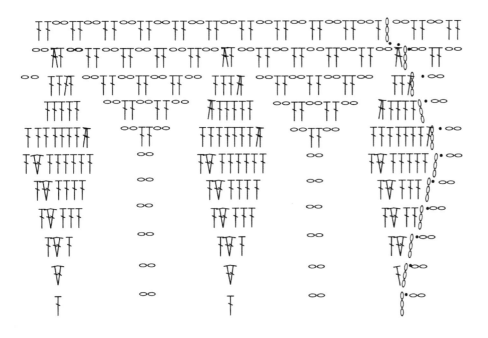

Ich beginne mit 8 Festen Maschen und darauf 8 Stäbchen + jeweils 2 Luftmaschen.

Danach wird der Stern nach der unteren Häkelschrift gehäkelt.

Der Stern könnte auch noch 1 Runde breiter werden, ehe man die Zacken des Sterns wieder schmaler werden lässt. Falls man noch dünneres Häkelgarn hat, oder das Platzset größer werden soll.

Die letzte Runde mit 2 Stäbchen, 2 Luftmaschen wiederhole ich in der oberen Häkelschrift, weil das die Basis für das Strahlenmuster ist.

Nach dem Sternmuster - untere Häkelschrift - folgt das Strahlenmuster - obere Häkelschrift.

Je nach Wunsch kann man das Strahlenmuster auch mit mehr oder weniger Runden häkeln.

Als Abschluss wähle ich hier einen Wechsel aus Bogen und Spitze.

Wenn Sie möchten, können Sie auch nur Spitzen mit oder ohne Pikot häkeln.

HÄKELSCHRIFT

Kettmasche

Luftmasche

3 Luftmaschen

3 Luftmaschen + 1 Feste Masche
oder Kettmasche in die 1. Masche =
ein Pikot

Feste Masche
Feste Masche nur hinten
eingestochen

halbes Stäbchen

halbes Stäbchen nur hinten
eingestochen

Stäbchen

Stäbchen nur hinten eingestochen

Für die feste Masche 2 mal Faden holen
und zusammen beenden.

Eine Feste Masche weiter unten
eingestochen

Ein Reliefstäbchen, bei dem die Masche
darunter von hinten umfasst wird

3 zusammen beendete Stäbchen

Doppelstäbchen - 2 Umschläge

Dreifachstäbchen - 3 Umschläge

ICH VERWENDE DIESES HÄKELGARN:

DMC NATURA XL

DMC NATURA LINEN

DMC NATURA MEDIUM

DMC NATURA JUST COTTON

Viel Freude beim Häkeln wünscht Edith Blöcher

Und wenn Sie Fragen haben, schreiben Sie mir eine E-Mail
an mailbox@handarbeitshaus.de oder rufen Sie an unter
(Deutschland 0049) 0721 404717
Und wenn Sie Häkelmaterial brauchen, schauen Sie auf
meiner Webseite vorbei:
deutsch: www.handarbeitshaus.de
international: www.edith-bloecher.com

Und wenn Sie noch ein anderes schönes Anleitungsbuch
von mir sehen möchten, Sie finden sie auf meiner Webseite
oder bei Amazon. Ich veröffentliche die Bücher über
Amazon.

Printed in Poland
by Amazon Fulfillment
Poland Sp. z o.o., Wrocław

26792993R00047